BEI GRIN MACHT SICH IHR WISSEN BEZAHLT

Bibliografische Information der Deutschen Nationalbibliothek:

Die Deutsche Bibliothek verzeichnet diese Publikation in der Deutschen National-
bibliografie; detaillierte bibliografische Daten sind im Internet über http://dnb.d-
nb.de/ abrufbar.

Impressum:

Copyright © 2018 GRIN Verlag
Druck und Bindung: Books on Demand GmbH, Norderstedt Germany
ISBN: 9783346060655

Dieses Buch bei GRIN:

https://www.grin.com/document/507122

Darius Schoppus

Beweglichkeits- und Koordinationstraining für einen 23-jährigen Mann

GRIN Verlag

GRIN - Your knowledge has value

Der GRIN Verlag publiziert seit 1998 wissenschaftliche Arbeiten von Studenten, Hochschullehrern und anderen Akademikern als eBook und gedrucktes Buch. Die Verlagswebsite www.grin.com ist die ideale Plattform zur Veröffentlichung von Hausarbeiten, Abschlussarbeiten, wissenschaftlichen Aufsätzen, Dissertationen und Fachbüchern.

Besuchen Sie uns im Internet:

http://www.grin.com/

http://www.facebook.com/grincom

http://www.twitter.com/grin_com

Deutsche Hochschule für

Prävention und Gesundheitsmanagement

Hermann Neuberger Sportschule 3

66123 Saarbrücken

Einsendeaufgabe

Fachmodul:	Trainingslehre 3
Studiengang:	Bachelor of Arts – Gesundheitsmanagement (BGM)
Datum Präsenzphase:	20.08. – 22.08.2018
Studienort:	**Hamburg**
Semester:	**2016 WS**

Inhaltsverzeichnis

1 Personendaten

Im Folgenden werden die allgemeinen Daten der Person, um die es auch in Aufgabe 2-4 gehen wird, tabellarisch dargestellt.

Tabelle 1 - personenbezogene Daten (eigene Darstellung)

Zu nennende Daten	Angaben der Person
Alter	23 Jahre
Geschlecht	Männlich
Körpergröße	193 cm
Körpergewicht	87,5 Kg
Trainingsmotive	Verbesserung der Beweglichkeit der unteren Extremitäten, um Kniebeugen besser ausführen zu können; Verspannungen im Nacken vorbeugen
Berufliche Tätigkeit	Azubi in einem Gesundheitsstudio: viel stehende und gehende Tätigkeiten, aber auch sitzende Tätigkeiten und mehrmals wöchentlich Reha- und Funktionskurse
Aktuelle sportliche Aktivitäten	4x/Woche Krafttraining im Fitnessstudio Leistungsstand: fortgeschrittener Anfänger (3. Trainingsjahr)
Frühere sportliche Aktivitäten	Hobbymäßig Fußball (Kreisliga), joggen in der Freizeit
Zeitlicher Verfügungsrahmen	Jeden Tag, außerhalb der Arbeitszeiten.
Orthopädische und/oder internistische Probleme	Keine bekannt.
Ärztliche Behandlungen	Nein
Einnahme von Medikamenten	Keine
Sonstige gesundheitliche Einschränkungen	Keine bekannt.

Belastbarkeit und Trainierbarkeit

Die Person ist voll belast- und trainierbar. Es sind keinerlei Kontraindikationen gegeben.

2 Beweglichkeitstestung

In Tabelle 2 wird der Beweglichkeitstest nach Janda (2000, S. 255-270) übersichtlich dargestellt. Nach diesem Testverfahren wird die zu trainierende Person getestet und darauf basierend die Trainingsplanung aufgebaut.

Tabelle 2 - Beschreibung der verschiedenen Beweglichkeitstests (eigene Darstellung)

Durchzuführender Test	Beschreibung der Durchführung
Testung der Brustmuskulatur	Man benötigt lediglich eine Behandlungsliege. Der Proband legt sich in Rückenlage auf die Liege und winkelt die Beine an, um das Becken zu fixieren. Der Proband legt sich am besten an den Rand der zu testenden Seite, so dass der Arm frei neben der liege „hängt". Der Arm der getestet wird, ist im Schultergelenk abduziert und außenrotiert. Das Ellenbogengelenk wird im 90° Winkel gehalten. Durch leichten Zug diagonal von der testenden Seite weg, fixiert der Tester den Thorax. Der zu Testende bekommt außerdem die Anweisung, die Bauchmuskeln anzuspannen um das Becken und die LWS zu stabilisieren und ein Verfälschen des Ergebnisses zu vermeiden (nach Janda, 2000, S. 270).
Testung der Hüftbeugemuskulatur	Erneute Rückenlage auf der Behandlungsliege. Der Proband platziert sich so, dass das Gesäß mit dem Rand der Liege abschließt und die Beine im Überhang sind. Ein Bein wird maximal zum Körper herangezogen, das andere bleibt im Überhang. Sollte der zu Testende dabei Probleme haben, kann der Tester dabei unterstützen. LWS und Becken müssen fixiert werden, um das Ergebnis nicht zu manipulieren. Das angewinkelte Bein sollte maximal fixiert bleiben um das Becken zu fixieren, außerdem sollten die Bauchmuskeln angespannt bleiben, für eine gute LWS-Fixierung (nach Janda, 2000, S. 258).
Testung der Kniestreckmuskulatur	Auf der Behandlungsbank wird wieder eine Rückenlage eingenommen. Der Proband liegt so, dass das Gesäß mit dem Rand der Liege abschließt und die Beine im Überhang sind. Ein Bein wird angewinkelt maximal zum Körper herangezogen und gehalten. Das andere Bein wird durch den Tester in maximal möglicher Hüftextension fixiert. LWS und Becken des Probanden müssen fixiert bleiben, deshalb muss das Bein dauerhaft maximal an den Körper herangezogen bleiben und die Bauchmuskeln angespannt werden um die Testergebnisse nicht durch Ausweichbewegungen in LWS und/oder Becken zu manipulieren. Der Tester testet die Beweglichkeit nun, indem er das überhängende Bein langsam in den maximalen Kniebeugewinkel bringt (nach Janda, 2000, S. 258).
Testung der Kniebeugemuskulatur	Auf der Behandlungsbank wird eine Rückenlage eingenommen. Das nicht getestete Bein wird angewinkelt aufgestellt (Knie- und Hüftgelenk gebeugt). Das zu testende Bein wird vom Tester am Oberschenkel vorderseitig und am Unterschenkel am Sprunggelenk gegriffen und mit gestrecktem Kniegelenk fixiert. Die Kniescheibe sollte in jedem Fall freibleiben. Becken und LWS müssen ebenso fixiert bleiben, deshalb darf das angewinkelte Bein die Position nicht verlassen und die Bauchmuskeln des Probanden sollten angespannt bleiben (LWS Richtung Bank drücken). Das getestete Bein wird nun vom Tester in die

Durchzuführender Test	Beschreibung der Durchführung
	maximal mögliche Hüftflexion gebracht. Hüfte und Knie-gelenk sollten beobachtet werden, um Ausweichbewe-gungen zu vermeiden (nach Janda, 2000, S. 261).
Testung der Wadenmuskulatur	Es wird eine Rückenlage auf der Behandlungsbank ein-genommen. Das nicht zu testende Bein wird angewinkelt auf der Behandlungsbank abgestellt, das zu testende Bein ragt etwas über das distale Ende der Liege hinaus. Der Tester greift nun mit einer Hand an der Ferse des zu testenden Beins und mit einer Hand greift der den Fuß mittig von der Außenkante her. Um die Beweglichkeit zu testen, übt der Tester nun leichten Zug distalwärts (vom Körper weg) an der Ferse aus, bei gleichzeitigem Druck an der Außenkante des Fußes Richtung Schienbein. Der Zug an der Ferse sollte vergleichsweise stärker sein, als der Druck Richtung Schienbein. Man kann bei diesem Be-weglichkeitstest auch isoliert den M. soleus testen, indem bei maximaler Dorsalextension des Kniegelenk zusätzlich gebeugt wird. Beim Test des M. gastrocnemius muss das Kniegelenk maximal gestreckt fixiert bleiben. Bei dem Druck Richtung Schienbein sollte auf jeden Fall an der Außenkante gedrückt werden! Drückt man mittig, so kann es passieren, dass die Wadenmuskulatur reflektorisch kontrahiert und das Testergebnis verfälscht (nach Janda, 2000, S. 255).

In Tabelle 3 werden nun die möglichen Bewertungen der jeweiligen Testergebnisse nach Janda (2000, S. 255-270) aufgeführt. Janda hat eine dreiteilige Bewertung gewählt, nach der die Testperson für die jeweiligen Muskeln in Stufe 0, 1 oder 2 eingestuft wird.

Tabelle 3 - Bewertung der Ergebnisse des Beweglichkeitstestes (eigene Darstellung)

Durchzuführender Test	Bewertung der Testergebnisse
Testung der Brustmuskulatur (M. Pectoralis major)	Messbereich = Position des Oberarms zur Horizontalen (nach Janda, 2000, S. 270).
	Stufe 0: keine Defizite in der Beweglichkeit; Oberarm er-reicht die Horizontale; der Tester kann den Arm durch leichten Druck unter die Horizontale bewegen (nach Janda, 2000, S.271).
	Stufe 1: leichtes Defizit der Beweglichkeit; Oberarm er-reicht die Horizontale nicht; der Tester kann den Arm durch leichten Druck bis zur Horizontale bewegen (nach Janda, 2000, S.271).

Durchzuführender Test	Bewertung der Testergebnisse
	Stufe 2: deutliches Defizit der Beweglichkeit; Oberarm erreicht selbst durch Druck des Testers nicht die Horizontale (nach Janda, 2000, S.271).
Testung der Hüftbeugemuskulatur (speziell M. iliopsoas	Messbereich = Position des Oberschenkels im Verhältnis zur Körperlängsachse (Hüftbeugewinkel) (nach Janda, 2000, S. 258).
	Stufe 0: keine Defizite in der Beweglichkeit; Oberschenkel erreicht Horizontale ohne Probleme; Oberschenkel kann durch leichten Druck des Testers unter die Horizontale bewegt werden (nach Janda, 2000, S. 259).
	Stufe 1: leichtes Defizit der Beweglichkeit; Hüfte in leichter Beugestellung; Oberschenkel kann durch leichten Druck bis zur Horizontale bewegt werden (nach Janda, 2000, S. 259).
	Stufe 2: deutliches Defizit der Beweglichkeit; Oberschenkel kann die Horizontale auch durch Druck des Testers nicht erreichen (nach Janda, 2000, S. 259).
Testung der Kniestreckmuskulatur (speziell M. rectus femoris)	Messbereich = Winkel zw. Ober- und Unterschenkel (Kniebeugewinkel) (nach Janda, 2000, S.258).
	Stufe 0: kein Defizit der Beweglichkeit; Kniebeugewinkel ohne Druck des Testers bei 90°; durch Druck des Testers kann die Kniebeugung weiter vergrößert werden (nach Janda, 2000, S. 259).
	Stufe 1: leichtes Defizit der Beweglichkeit; Kniebeugewinkel erreicht 90° nicht ohne Druck des Testers; durch leichten Druck des Testers können 90° Kniebeugewinkel erreicht werden (nach Janda, 2000, S. 259).
	Stufe 2: deutliches Defizit der Beweglichkeit; Kniebeugewinkel deutlich unter 90° Kniebeugewinkel; selbst durch Druck des Testers werden keine 90° erreicht (nach Janda, 2000, S. 259).
Testung der Kniebeugemuskulatur (Mm. ischiocrurales)	Messbereich = Winkel zw. Beinachse und Longitudinalachse (Hüftbeugewinkel) (nach Janda, 2000, S. 261).
	Stufe 0: kein Defizit der Beweglichkeit; 90° Hüftgelenkflexion können erreicht werden (nach Janda, 2000, S. 262).
	Stufe 1: leichtes Defizit der Beweglichkeit; 80-90° Hüftgelenkflexion können erreicht werden (nach Janda, 2000, S.262).
	Stufe 2: deutliches Defizit der Beweglichkeit; Hüftgelenkflexion nur unter 80° möglich (nach Janda, 2000, S. 262).

Durchzuführender Test	Bewertung der Testergebnisse
Testung der Wadenmuskulatur (Mm. triceps surae)	Stufe 0: kein Defizit der Beweglichkeit; Dorsalextension bis 0°-Stellung ist ohne Probleme möglich (90° zwischen Fuß und Oberschenkel) (nach Janda, 2000, S. 255).

Stufe 1: leichtes Defizit der Beweglichkeit; 0°-Stellung wird nicht erreicht, eine Dorsalextension ist jedoch möglich (nach Janda, 2000, S.255).

Stufe 2: deutliches Defizit der Beweglichkeit; Dorsalextension maximal bis 10° unterhalb der 0°-Stellung möglich (nach Janda, 2000, S.255). |

Abschließend werden nun in Tabelle 4 die Ergebnisse unseres Probanden dargestellt, die aus der Testung der Beweglichkeit in der Praxis festgestellt wurden.

Tabelle 4 - Testergebnisse unseres Probanden in dem Beweglichkeitstest nach Janda (eigene Darstellung)

Durchgeführter Test	Ergebnis der Testperson
Testung der Brustmuskulatur	Stufe 0: kein Beweglichkeitsdefizit
Testung der Hüftbeugemuskulatur	Stufe 1: leichtes Beweglichkeitsdefizit
Testung der Kniestreckmuskulatur	Stufe 1: leichtes Beweglichkeitsdefizit
Testung der Kniebeugemuskulatur	Stufe 2: deutliches Beweglichkeitsdefizit
Testung der Wadenmuskulatur	Stufe 1: leichtes Beweglichkeitsdefizit

3   Trainingsplanung Beweglichkeitstraining

Die nachfolgende Tabelle zeigt die ausgewählten Dehnübungen für den in Aufgabe 1 dargestellten Probanden. Außerdem wird die in den Übungen zu dehnende Muskulatur aufgezeigt, sowie die Übung umfassend beschrieben. Die Übungen wurden so ausgewählt, dass sowohl die Trainingsmotive des Probanden berücksichtigt werden, als auch die Beweglichkeitstestergebnisse positiv beeinflusst werden.

Tabelle 5 - Ausgewählte Dehnübungen für den zu trainierenden Probanden (eigene Darstellung)

Übung + Dehnmethode	Anvisierte Zielmuskulatur	Beschreibung der Übung
Dehnung der Wadenmuskulatur, passiv statisches Dehnen	M. soleus, M. gastrocnemius	Die Übung wird im Stand ausgeführt. Ein Bein wird nun nach hinten aufgestellt, aber nur so weit, dass die komplette Fußsohle den Boden noch

Übung + Dehnmethode	Anvisierte Zielmuskulatur	Beschreibung der Übung
		berührt. Das hintere Knie ist durchgestreckt, das Kniegelenk des vorderen Beines ist leicht gebeugt. Beide Fußspitzen zeigen parallel nach vorne. Um nun die Dehnposition einzunehmen, lehnt man den Oberkörper leicht nach vorne, um den Körperschwerpunkt zu verlagern und die Dorsalextension im hinteren Bein zu vergrößern. Diese Position wird gehalten.
Dehnung der Oberschenkelrückseite im Stand, passiv dynamisches Dehnen	M. biceps femoris, M. semimembranosus, M. semitendinosus	Die Übung wird im Stand ausgeführt. Es wird ein hüftbreiter Stand eingenommen, die Knie werden nun leicht gebeugt und das Gesäß wird etwas nach hinten unten abgesenkt. Nun wird ein Bein ca. 1 ½ Fußlängen nach vorne in Schrittstellung aufgestellt. Das hintere Bein bleibt leicht gebeugt und beide Fußspitzen zeigen parallel nach vorne. Um die Dehnposition einzunehmen wird nun der Oberkörper langsam nach vorne geneigt und das Becken gekippt, bis die maximal mögliche Dehnung erreicht wird. Die Wirbelsäule sollte in Neutralposition bleiben. Für die dynamische Ausführung wird der Oberkörper immer wieder aufgerichtet und dann wieder nach vorne gekippt (Beckenaufrichtung -> Beckenkippung).
Dehnung der Rückenstrecker im Vierfüßlerstand, aktiv dynamisches Dehnen	Mm. erector spinae	Ausgangsposition dieser Dehnübung ist der Vierfüßlerstand auf der Matte. Für diesen werden die Knie unter den Hüftgelenken, die Arme unter den Schultergelenken fixiert. Die Arme sind Schulterbreit aufgestellt, die Hände zeigen gerade nach vorne. Die Knie sind Hüftbreit aufgestellt, die Füße parallel auf den Zehenspitzen aufgestellt. Um die Dehnposition einzunehmen werden nun die Bauchmuskeln aktiv angespannt und die Wirbelsäule so weit wie möglich nach oben gewölbt. Diese Position wird immer wieder eingenommen und gelöst. Gelöst wird die Position, indem die Bauchmuskeln kurz entspannt werden und die Wirbelsäule leicht nach unten gestreckt wird.

Übung + Dehnmethode	Anvisierte Zielmuskulatur	Beschreibung der Übung
Dehnung der Nackenmuskulatur, aktiv statisches Dehnen	M. trapezius pars descendens	Die Übung wird im Stand ausgeführt. Der Oberkörper bleibt aufgerichtet, der Blick ist nach vorne gerichtet. Nun wird der Kopf langsam zur Seite geneigt, der Blick bleibt nach vorne gerichtet (Ohr Richtung Schulter absenken). Die Dehnposition wird nun eingenommen, indem die gegenüberliegende Schulter aktiv nach unten gesenkt wird. Diese Position wird gehalten.
Dehnung der rückseitigen Oberarmmuskulatur, passiv statisches Dehnen	M. triceps brachii	Die Übung wird im Stand ausgeführt. Der zu dehnende Arm wird nun gerade nach oben gestreckt, von dort wird das Ellenbogengelenk maximal gebeugt, so dass die Hand entweder auf dem gleichseitigen Schulterblatt oder zwischen den Schulterblättern aufliegt. Mit der anderen Hand wird nun der Ellenbogen des zu dehnenden Armes zur Körpermitte gezogen. Während der gesamten Übung bleibt der Blick nach vorne gerichtet. Die Position wird gehalten.
Dehnung der Hüftbeugemuskulatur, passiv statisches Dehnen	M. iliopsoas, M. rectus femoris	Die Übung startet im Kniestand auf der Matte. Ein Bein wird nun nach vorne auf den ganzen Fuß aufgestellt. Der Fuß des vorderen Beines ist bei dieser Übung vor dem Knie, das Kniegelenk ist gebeugt. Das hintere Bein ist auf dem Knie aufgestellt und der komplette Unterschenkel liegt auf dem Boden auf. Das Knie wird nun noch ein kleines Stück weiter nach hinten aufgesetzt. Der Oberkörper wird auf dem Oberschenkel des vorderen Beines aufgestützt. Die Dehnposition wird eingenommen, indem der Körperschwerpunkt nach vorne unten verlagert wird. Der Oberkörper bleibt aufrecht und der Fuß bleibt vor dem Knie auf dem Boden stehen.
Dehnung der Gesäßmuskulatur, passiv statisches Dehnen	M. gluteus maximus, M. gluteus medius, M. gluteus maximus	Ausgangsposition der Übung ist die Rückenlage auf der Matte. Ein Bein wird mit angewinkeltem Knie auf den Boden aufgestellt. Das andere Bein wird mit außenrotierter Hüfte mit dem Unterschenkel (knapp oberhalb des Knöchels) auf der Vorderseite des Oberschenkels, des angewinkelten

Übung + Dehnmethode	Anvisierte Zielmuskulatur	Beschreibung der Übung
		Beines, platziert. Der Unterschenkel des angewinkelten Beines hängt locker nach unten. Um die Dehnposition einzunehmen, greift man, mit beiden Händen, an der Oberschenkelrückseite des angewinkelten Beines und zieht es zum Oberkörper heran. Falls man nicht an den Oberschenkel ran kommt, kann man kurz mit dem Oberkörper nach oben kommen, während der Dehnübung sollte der Oberkörper aber dauerhaft auf dem Boden abgelegt bleiben. Die Dehnposition wird verlassen indem beide Beine auf den Boden abgestellt werden.
Dehnung der Oberschenkelrückseite in Rückenlage, Anspannungs-Entspannungs-Dehnen (postisometrisches Dehnen)	M. biceps femoris, M. semimembranosus, M. semitendinosus	Ausgangsposition dieser Übung ist die Rückenlage auf der Matte. Zusätzlich benötigt man einen gepolsterten Stuhl (oder eine andere gepolsterte Erhöhung). Man legt sich so auf den Boden, dass die Beine mit angewinkelten Knien möglichst so nah an der Erhöhung platziert sind, dass man diesen mit gestreckten Beinen erreichen kann. Zuerst streckt man nun ein Bein aus und legt es auf dem Stuhl ab. Man spannt nun aktiv die ischiocrurale Muskulatur an, indem man das Bein nach unten gegen den Stuhl drückt. Anschließend entspannt man das Bein ein paar Sekunden und geht nun über in die Dehnung der gerade noch angespannten Muskulatur. Um die Dehnposition einzunehmen streckt man zuerst das Kniegelenk des zu dehnenden Beines. Sobald dieses in Reichweite ist, greift man hinten am Oberschenkel und zieht das Bein soweit zum Körper heran, bis die Dehnposition erreicht wird. Das Kniegelenk bleibt dauerhaft gestreckt und der Oberkörper dauerhaft auf dem Boden abgelegt. Nach der Dehnung kommt eine Pause und anschließend wird das Verfahren wiederholt.
Dehnung der Oberschenkelvorderseite in Seitlage, passiv statisches Dehnen	M. quadriceps femoris	Ausgangsposition ist die Seitlage auf der Matte. Der untenliegende Arm wird in Verlängerung des Oberkörpers ausgestreckt und der Kopf auf

Übung + Dehnmethode	Anvisierte Zielmuskulatur	Beschreibung der Übung
		dem Arm abgelegt. Beide Beine liegen parallel übereinander auf dem Boden auf. Das obere Bein wird nun im Kniegelenk gebeugt und mit der Hand des oberen Armes knapp oberhalb des Sprunggelenkes am Unterschenke gegriffen. Die Ferse wird maximal zum Gesäß gezogen. Die endgültige Dehnposition wird eingenommen, indem das Becken durch noch stärkeren Zug an der Ferse gekippt wird.
Dehnung der medialen Oberschenkelmuskulatur in Sitzposition, passiv statisches Dehnen	M. adductor brevis, M. adductor longus, M. adductor magnus, M. gracilis, M. pectineus	Ausgangsposition ist die Sitzposition auf der Matte. Die Arme stützen den Oberkörper nach hinten hin ab. Beide Beine liegen gestreckt vor dem Körper auf dem Boden ab. Die Dehnposition wird eingenommen, indem die Beine maximal weit nach außen abgespreizt werden. Die Dehnung wird noch weiter verstärkt, indem man den Oberkörper nach vorne neigt um das Becken zu kippen. Die Beine bleiben durchgehend im Kniegelenk durchgestreckt und maximal gespreizt. Der Oberkörper bleibt während der gesamten Übung gerade. Diese Position wird nun gehalten.

Tabelle 6 stellt den Makrozyklus für das Beweglichkeitstraining dar. Der Makrozyklus wurde in vier gleichmäßige Mesozyklen von jeweils vier Wochen eingeteilt.

Tabelle 6 - Planung Makrozyklus für das Beweglichkeitstraining (eigene Darstellung)

Mesozyklus	4 Wochen	4 Wochen	4 Wochen	4 Wochen
Häufigkeit pro Woche	3x	4x	5x	6-7x
Sätze pro Übung	3 Sätze pro Übung	3 Sätze pro Übung	3 Sätze pro Übung	3 Sätze pro Übung
Dehndauer	45s	45s	45s	45s
Intensität	Max. Bewegungsreichweite	Max. Bewegungsreichweite	Max. Bewegungsreichweite	Max. Bewegungsreichweite

Begründung des Dehnprogrammes

Die Dehnübungen wurden in erster Linie den Trainingsmotiven des Probanden angepasst. Er gab an, mehr Beweglichkeit für die Ausführung einer Kniebeuge zu erlangen. Seine Testergebnisse bestätigen, dass dort ein Defizit der Beweglichkeit der hinteren Oberschenkelmuskulatur vorliegt, welche eine gute Beweglichkeit für eine sauber ausgeführte Kniebeuge benötigen. Deshalb liegt der Fokus auch auf dieser Muskulatur, weshalb hierfür mehrere Übungen durchgeführt werden sollen. Außerdem wurden Dehnübungen für die Gesäßmuskulatur, sowie für die vordere und die mediale Oberschenkelmuskulatur integriert, da auch hier von einem Beweglichkeitsdefizit auszugehen ist. Eine Übung für die Nackenmuskulatur soll dem Probanden helfen, seine Verspannungen in diesem Bereich zu reduzieren. Alle weiteren Übungen sind ergänzend, um das Dehnprogramm zu vervollständigen. Die Bereiche, in denen kein Beweglichkeitsdefizit zu beobachten ist, werden vorerst ausgelassen. Das Dehnprogramm soll vorerst 3x/Woche ausgeführt werden. Ein Dehntraining von 2-3x pro Woche wird als Minimalprogramm für ein Dehntraining angesehen und kann die Beweglichkeit bei Trainingsbeginnern (unser Proband wird vorerst als solcher eingeordnet, da er noch nie Beweglichkeitstraining absolviert hat) verbessern (Rancour, Holmes & Cipriani, 2009). Weniger Einheiten pro Woche sollten nicht absolviert werden, da die Wahrscheinlichkeit dann hoch ist, dass das Training keine verbesserte Beweglichkeit erzielen wird (nach Franco, Signorelli, Trajano & De Oliveira, 2008). Nach und nach wird unser Proband so an ein Optimalprogramm von 7x/Woche, für ein Beweglichkeitstraining, herangeführt. Für unseren Probanden wurden alle in der Praxis bewährten Dehnmethoden in den Plan integriert. Am Ende muss unser Proband dann jedoch selbst entscheiden, welche ihm am besten liegt, denn nach Olivier et al. (2008, S. 247) kann keine Dehnmethode wissenschaftlich fundiert einer bestimmten Zielgruppe zugeordnet werden. Jede Zielgruppe kann mit jeder Dehnmethode Erfolge erzielen.

4 Trainingsplanung Koordinationstraining

Die folgende Tabelle 7 stellt einmal die aufeinander aufbauende Übungsreihe für das Koordinationstraining unseres Probanden dar. Das Koordinationstraining ist als Gleichgewichtstraining gestaltet worden. Ziel des Trainings ist es, einen Ausfallschritt mit Zusatzgewicht in beiden Händen, barfuß, auf zwei Togu-Jumpern auszuführen.

Tabelle 7 - Übungsreihe für das Koordinationstraining des Probanden mit umfangreicher Beschreibung (eigene Darstellung)

Übung	Beschreibung
Gerader Gang auf einer Linie	Es wird eine etwa 3m lange gerade Linie durch ein Seil auf dem Boden ausgelegt. Nun wird versucht auf dieser einen Fuß vor den anderen zu setzen, bis man das andere Ende erreicht. Von dort aus geht man auf der Linie die gleiche Strecke wieder zurück.
Große langsame Schritte auf einer geraden Linie	Es wird die selbe Linie wie bei der ersten Übung verwendet. Diesmal werden große Schritte auf der geraden Linie gegangen. Nach jedem Schritt werden zwei Sekunden gewartet, bis der nächste Schritt folgt.
In Schrittstellung stehen	Man stellt sich so auf, dass der eine Fuß etwa zwei Fußlängen vor dem anderen steht, bei hüftbreiter Beinstellung. Beide Füße zeigen parallel nach vorne. Die Position wird jeweils gehalten, beide Beine werden abgewechselt je Satz.
In Startposition für Ausfallschritt stehen	Es wird die Startposition eines Ausfallschrittes eingenommen. Dafür werden die Beine hüftbreit auseinander, in Schrittstellung aufgestellt. Der vordere Fuß wird so platziert, dass die Zehen vor der Kniescheibe stehen. Das hintere Bein steht nur auf den Zehenspitzen auf. Beide Füße zeigen parallel nach vorne. Die Position wird gehalten.
Ausfallschritt durchführen	Die Position von der vorangegangenen Übung wird wieder eingenommen. Nun wird der Ausfallschritt ausgeführt. Dafür senkt man das hintere Knie Richtung Boden ab. Das Knie darf minimal den Boden berühren, aber nicht abgelegt werden. Nach jedem Satz wird das Bein gewechselt.
Ausfallschritte gehend ausführen	Man sucht sich eine Fläche, auf der man ca. eine 10m lange Strecke hat (z.B. Flur, Gruppenraum etc.). Nun stellt man sich hüftbreit auf. Aus dieser Position geht man direkt in einen Ausfallschritt über, führt diesen aus und geht von dem einen Ausfallschritt direkt in den nächsten über (beide Beine wechselseitig). Nachdem die Strecke abgegangen wurde, wird wieder zurück in die andere Richtung gegangen.
Ausfallschritt mit Gewicht in den Händen	Man führt einen normalen Ausfallschritt, wie schon in der vorletzten Übung. Diesmal benutzt man jedoch ein Zusatzgewicht in Form einer Hantelscheibe. Dieses Zusatzgewicht wird anhand der Griffkraft des Trainierenden ausgewählt. Nach jedem Satz wird das Bein gewechselt.
Startposition für einen Ausfallschritt, barfuß, auf zwei Togu-Jumpern	Es werden zwei Togu-Jumper parallel zueinander auf den Boden gelegt, so dass die Luftpolsterseite nach oben zeigt. Nun wird die Ausfallschrittposition auf den beiden Togu-Jumpern eingenommen (einen Fuß auf jeden Jumper) und diese wird gehalten. Die Übung wird barfuß ausgeführt.
Ausfallschritt, barfuß, auf zwei Togu-Jumpern	Es wird erneut die Ausfallschrittposition auf den beiden Togu-Jumpern eingenommen. Nun wird der Ausfallschritt

13

Übung	Beschreibung
	dynamisch ausgeführt. Nach jedem Satz wird das Bein gewechselt. Die Übung wird barfuß ausgeführt.
Ausfallschritt, barfuß, auf zwei Togu-Jumpern mit Zusatzgewicht in den Händen	In der letzten Übung der Übungsreihe wird erneut die Ausfallschrittposition auf den Jumpern eingenommen. In jeder Hand befindet sich Zusatzgewicht (jede Hand gleich viel). Nun werden die Ausfallschritte auf den Togu-Jumpern ausgeführt. Nach jedem Satz wird das Bein gewechselt. Die Übung wird barfuß ausgeführt.

Tabelle 8 – Planung: Belastungsgefüge des Koordinationstrainings des Probanden (eigene Darstellung)

Übung	Übungsdauer bis zur nächsten Übung	Trainingshäufigkeit pro Woche	Sätze pro Übung	Satzpausen	Belastungsdauer
1	1 Woche	täglich	5	60s	60s
2	1 Woche	täglich	5	60s	60s
3	1 Woche	täglich	5 pro Bein	60s	60s
4	1 Woche	täglich	5 pro Bein	60s	60s
5	2 Wochen	3-4x/Woche	3 pro Bein	60s	12 Wiederholungen je Satz
6	2 Wochen	3-4x/Woche	3-4	60s	60s
7	4 Wochen	3x/Woche	3-4 pro Bein	60-90s	12 Wiederholungen je Satz
8	2 Wochen	täglich	4 pro Bein	60s	60s
9	4 Wochen	3-4x/Woche	3 pro Bein	60s	12 Wiederholungen je Satz
10	Dauerhaft in den Plan integriert	Bei jedem Beintraining	3 pro Bein	90-120s	8-12 Wiederholungen je Satz

Begründung der Trainingsplanung und des Belastungsgefüges

Für das Koordinationstraining des Probanden wurde eine methodische Übungsreihe aus zehn Übungen aufgestellt. Diese Übungsreihe wird chronologisch von Übung 1 bis Übung 10 anspruchsvoller. Vor allem wegen der Komplexität der letzten Übung macht es hier Sinn, das Koordinationstraining als methodische Übungsreihe zu gestalten, um den Probanden an den komplexen Bewegungsablauf heranzuführen (Duba, Kraemer & Martin, 2009). Die ersten vier Übungen sollten den Probanden vor keine Herausforderung stellen, deshalb sind diese hier mit je einer Woche und täglichem Training aufgeführt, um an die weiterführenden Übungen heranzuführen. Ab Übung 5 geht die Übungsreihe langsam in eine Kombination aus Kraft- und Koordinationstraining über, um die Übertragbarkeit auf das Krafttraining des Probanden zu gewährleisten. Da dieser außerdem anstrebt, eine technisch korrekte Kniebeuge auszuführen, war es naheliegend, ebenso eine

14

Übung für die Beinmuskulatur für das Koordinationstraining zu wählen, um unterstützend auf das Trainingsziel des Probanden zu wirken. Zum Ende der Übungsreihe hin, wurde das Trainingsvolumen deshalb nach und nach dem Krafttraining angepasst. Es ist dann also möglich, die Koordinationsübung in das normale Krafttraining zielführend zu integrieren. Vor allem wegen der Komplexität der letzten Übung macht es hier Sinn, die Hinführung zu dieser als methodische Übungsreihe zu gestalten (Duba, Kraemer & Martin, 2009). Da bei dem Koordinationstraining auch propiozeptive Fähigkeiten im Rahmen des Gleichgewichtstrainings gefördert werden sollen, sollen die Übungen auf dem Togu-Jumper barfuß ausgeführt werden, um dem ZNS über die zahlreichen Mechanorezeptoren an den Füßen (Bizzini, 2000) reflektorisch Informationen weiterzuleiten und dadurch eine Haltungsstabilisierung eintritt. Insgesamt ergibt die Zielübung somit eine sehr komplexe Bewegungsdurchführung, welche dem Probanden zu einer verbesserten Koordination im Rahmen eines koordinativ-integrativen Krafttrainings verhilft.

5 Literaturrecherche

Im Rahmen von Aufgabe 5 werden zwei Studien miteinander verglichen, die sich mit den Effekten des Dehntrainings auf die Verletzungsprophylaxe beschäftigt haben.
Die Tabelle 9 stellt zuerst die Studie aus dem Jahre 2000 von Pope et al. vor, die einen praktischen Versuch an Rekruten durchführten.

Tabelle 9 - Darstellung der Studie von Pope et. al (eigene Darstellung)

Autor(en)	Pope, Herbert, Kirwan & Graham
Jahr der Erstveröffentlichung	2000
Versuchspersonen	1538 männliche Rekruten, die zufällig in Dehnungsgruppe und Kontrollgruppe aufgeteilt wurden
Versuchsaufbau	Die Rekruten wurden in 2 Gruppen aufgeteilt (735 Dehngruppe, 803 Kontrollgruppe). Von jeder Versuchsperson wurde Alter, Größe, Gewicht und 20m-Sprintzeit erfasst. Beide Gruppen wurden 12 Wochen lang während der Krafttrainingseinheiten begleitet und beide Gruppen haben sich vor jeder Einheit aufgewärmt. Die Dehnungsgruppe hat sich jedoch zusätzlich noch gedehnt. Das Dehnprogramm bestand aus je 20s statischem Dehnen für „alle sechs großen Muskelgruppen" der Beine. Untersucht werden soll, ob Dehnen vor Trainingseinheiten sinnvoll sein kann, um Verletzungen vorzubeugen.

Relevante Ergebnisse und Schlussfolgerungen	In der beobachteten Zeit wurden 333 Verletzungen der unteren Extremitäten dokumentiert, davon 214 Verletzungen des weichen Gewebes. 158 davon wurden in der Dehnungsgruppe und 175 in der Kontrollgruppe festgestellt. Dies ist lediglich ein Unterschied von 5%. Schlussfolgerung: Ein Dehnprogramm der unteren Extremitäten kann diese nicht signifikant vor Verletzungen schützen. Jedoch wurde bemerkt, dass die Personen mit der schlechtesten Fitness (Zeit im 20m-Sprint) am verletzungsanfälligsten waren.

Tabelle 10 stellt eine weitere zusammengefasste Studie über Effekte des Dehntrainings auf die Verletzungsprophylaxe vor. Cross & Worrel untersuchten im Jahr 1994-1995 195 College Footballspieler, die sich einem Dehntraining unterzogen, um eine eventuelle Verbesserung hinsichtlich des Auftretens von Verletzungen zu erzielen.

Tabelle 10 - Darstellung der Studie von Cross & Worrel (eigene Darstellung)

Autor(en)	Cross & Worrel
Jahr der Erstveröffentlichung	1999
Versuchspersonen	195 College Footballspieler (männlich) Durchschnittsgröße: 177,9 cm ± 6,25 cm Durchschnittsgewicht: 93,49 kg ± 18,5 kg Durchschnittsalter: 18,6 Jahre ± 1,5 Jahre
Versuchsaufbau	Es werden zwei Saisons miteinander verglichen, einmal die Saison 1994 und die Saison 1995. 1994 absolvieren die Spieler ihr Training ganz normal, wie sonst auch. 1995 setzen die Spieler ihr Training wie gewohnt fort, jedoch wird vor die Sprinteinheiten, am Ende des Trainings, nun ein Dehnprogramm eingefügt. Das Dehnprogramm beinhaltet Übungen für die ischiocrurale Muskulatur, den Quadriceps, die Adduktoren und für die komplette Wadenmuskulatur. Die Dehnpositionen sollen jeweils 15s gehalten werden, mit jeweils 3 Sätzen pro Übung. Der Trainer hat kontrolliert, ob die Übungen korrekt ausgeführt werden. Untersucht wurde, ob die Verletzungsanfälligkeit durch das Dehnen im Gegensatz zum Vorjahr ohne Dehnen signifikant verbessert werden kann.
Relevante Ergebnisse und Schlussfolgerungen	1994 wurden 155 Verletzungen festgestellt, davon 43 (27,7%) Zerrungen. 1995 wurden 153 Verletzungen, davon 21 (13,7%) Zerrungen festgestellt. Schlussfolgerungen: Da ein Unterschied von 48,8% zwischen den beiden Jahren, bezogen auf die Häufigkeit von Muskelzerrungen, festgestellt wurde, kann von einer signifikanten Verbesserung bei der Prävention von Zerrungen der Muskulatur, durch ein statisches Dehntraining, ausgegangen werden. Das allgemeine Verletzungsrisiko konnte nicht (signifikant) gesenkt werden.

6 Literaturverzeichnis

Bizzini, M. (2000). *Sensomotorische Rehabilitation nach Beinverletzungen. Mit Fallbeispielen in allen Heilungsstadien.* Stuttgart: Thieme.

Cross, K.M. & Worrell, T.W. (1959). *Effects of a static stretching program on the incidence of lower extremity musculotendinous strains.* Journal of Athletic Training, 34 (1), 11-14.

Duba, J., Kraemer, W. J. & Martin, G. (2009). *Progressing from the hang power clean to the power clean: a 4-step model.* Strength and Conditioning Journal, 31 (3), 58-66.

Franco, B. L., Signorelli, G. R., Trajano, G. S. & De Oliveira, C. (2008). *Acute effects of different stretching exercises on muscular endurance.* Journal of Strength and Conditioning Research, 22 (6), 1832-1837.

Janda, V. (2000). *Manuelle Muskelfunktionsdiagnostik* (4. Aufl.). München: Urban & Fischer.

Olivier, N., Marschall, F. & Büsch, D. (2008). *Grundlagen der Trainingswissenschaft und -lehre.* Schorndorf: Hofmann.

Pope, R.P., Herbert, R.D., Kirwan, J.D. & Graham, B.J. (2000). *A randomized trial of preexercise stretching for prevention of lower-limb injury.* Med Sci Sports Exerc., 32 (2), 271-277.

Rancour, J., Holmes, C. F. & Cipriani, D. J. (2009). *The effects of intermittent stretching following a 4-week static stretching protocol: a randomized trial.* Journal of strength and conditioning research / National Strength & Conditioning Association, 23 (8), 2217-2222.

7 Tabellenverzeichnis

BEI GRIN MACHT SICH IHR WISSEN BEZAHLT

- Wir veröffentlichen Ihre Hausarbeit,
  Bachelor- und Masterarbeit

- Ihr eigenes eBook und Buch -
  weltweit in allen wichtigen Shops

- Verdienen Sie an jedem Verkauf

Jetzt bei www.GRIN.com hochladen und kostenlos publizieren